생각 좀 하는 김토끼 씨의
초등 정치 수업

생각 좀 하는 김토끼 씨의

초등 정치 수업

글·그림 지수

북멘토

추천의 글

어린이 여러분은 대통령이 뭐 하는 사람인지 알고 있나요?

대통령이나 국회 의원이 뉴스에 나오는 것은 많이 봤어도 정확히 어떤 일을 하는 사람인지 잘 알고 있는 사람은 아마 드물 거예요.

대통령은 우리나라를 대표하는 분이에요. 나라를 대표해서 여러 나라와 외교를 하고, 나라에 중요한 결정을 내리는 분이지요. 국민들에게 투표를 통해 중요한 사안을 결정하자고 제안할 수도 있고, 국회에 어떤 법이 필요하다고 제안하거나 국회가 만든 법을 거부하기도 합니다. 군인들을 지휘하거나, 나라를 경영하는 국무 회의를 총괄하기도 해요. 아주 중요하고 바쁜 시간을 보내는 직업이지요.

이런 중요한 일들을 하는 대통령은 어떻게 뽑히게 되는 걸까요? 바로 이 책에서 다룰 정치를 통해서예요. 대통령 선거는 '정치의 꽃'이라고 할 수 있어요. 다양한 생각을 가진 정당들이 서로의 주장을 시민에게 설득하고, 시민들은 소중한 한 표를 가장 적절한 후보에게 던져서 우리의 미래를 잠시 맡겨 둘 대통령을 뽑습니다. 민주주의의 소중한 가치가 폭죽처럼 터져 오르는 행사인 셈이지요.

그런데 시민들이 정치를 잘 모르고, 정치에 관심이 없다면 어떻게 될까요? 제대로 된 대통령을 뽑을 수 없겠지요? 대통령은 고사하고 제대로 된 정치인도 만나 볼 수 없을 거예요. 그 결과는 무척 쓰라린 상처가 되어 시민들에게 돌아온답니다.

우리나라 사람들은 몇 번이나 안전을 위협받는 쓰라린 상처를 경험했어요. 그럴 때마다 항상 정치가 문제였지요. 사람들은 정치를 바로잡기 위해서 거리로 쏟아져 나왔고, 그 결과 오늘도 밝은 내일을 꿈꾸며 살아갑니다.

여러분이 차근차근 정치를 배워 두어야 할 이유가 바로 여기에 있어요. 정치에 얼마나 관심을 갖느냐에 따라 쓰라린 상처를 밝은 미래로 바꿀 수 있으니까요.

이 책에는 어린이 여러분이 정치에 대해 꼭 알아야 할 핵심적인 지식들이 쉽고 재미있게 설명되어 있어요. 이 책을 통해 우리 어린이들이 정치에 관심을 갖고 행복한 세상을 만드는 주인공이 될 수 있길 기대해 봅니다.

서울대학교 정치외교학부 교수
강원택

안녕하세요!
여러분에게 정치 이야기를 들려줄 김토끼예요.
정치는 어른만의 것도 아니고,
흔히들 떠올리는 이미지처럼
시끄럽게 싸우기만 하는 것도 아니에요.
사람이 모인 곳이라면
어디서든 정치가 일어난다는 것을
알고 있었나요?
국가는 물론이고
학교에서, 친구들 사이에서,
심지어 가족들 간에도 말이에요!

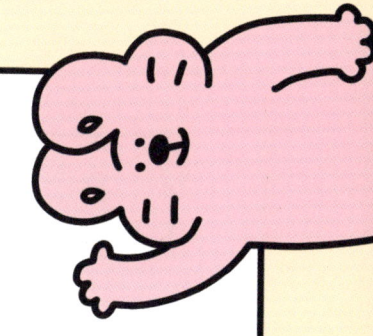

일상 곳곳에서
우리는 정치의 영향을 받고
우리도 모르는 사이에
정치에 참여하고 있기도 해요.
정치의 기본을 이해하는 사람들과
올바른 자세로 정치에 참여하는 사람들이 늘어나면
분명히 정치는 더 좋은 모습이 될 거예요.
여러분,
저와 함께 정치의 세계로 한 발자국 들어가 봅시다!
재미있을 거예요!

저는 멍이예요. 사람을 좋아해요.
가족도 친구도 선생님도 정말 좋아요!
모두 다 같이 행복하고 싶어요!
아름다운 세상에서요!
아~ 생각만 해도 정말 좋아요!

저는 옹이랍니다. 책 읽는 걸 좋아해요.
이건 제 자랑거리인 책꽂이예요!
여기에는 다 질서와 규칙이 있지요.
차곡차곡 정돈된
이 책꽂이를 보면
마음이 차분해져요!

추천의 글 4
작가의 말 6

레슨 1 정치야, 안녕!

- 정치란 무엇일까요? 12 • 정치는 왜 필요할까요? 16
- 최종 결정은 누가 내릴까요? 20 • 정부는 꼭 필요할까요? 24

하나 더 껑충, 토끼 수업 : 국가는 어떻게 국가가 될까요? 28

레슨 2 정치 체제에도 모범 답안이 있나요?

- 정치 체제란 무엇일까요? 32 • 국가마다 정치 체제는 어떻게 다를까요? 36
- 삼권 분립이란 무엇일까요? 41 • 지난날 대한민국 정부는 어떤 모습이었을까요? 45
- 지금 대한민국의 대통령제는 어떤 모습일까요? 50 • 지방 자치란 무엇일까요? 54

하나 더 껑충, 토끼 수업 : 정치 체제, 어떤 형태가 있을까요? 58

레슨 3 정치에 참여하는 민주 시민이 되어 봐요

- 정치에 어떻게 참여할까요? 62 • 선거에 나가려면 어떻게 할까요? 64
- 투표를 해요! 67 • 선거의 종류는 어떤 게 있을까요? 73 • 정당은 무슨 일을 할까요? 78
- 이익 집단과 시민 단체는 왜 필요할까요? 83 • 목소리를 내는 또 다른 방법은 뭘까요? 87

하나 더 껑충, 토끼 수업 : 참정권이 뭔지 잘 모르겠다고요? 92

레슨 4 정치를 알면 좋은 세상을 만들 수 있어요

- 좋은 세상을 만들고 싶어요! 96 • 좋은 결정을 내리는 건 간단하지 않아요 102
- 정부는 얼마나 커야 할까요? 107 • 좌파와 우파란 무엇일까요? 111
- 공평한 세상은 어떤 세상일까요? 114

하나 더 껑충, 토끼 수업 : 이데올로기가 뭘까요? 120
공산주의는 나쁜 걸까요? 121

레슨 5 세계는 넓고 정치는 어디에나 필요해요

- 국제 정치란 무엇일까요? 124 • 국제 정치는 왜 특별할까요? 128
- 전쟁은 왜 일어날까요? 131 • 전쟁이 정당화되기도 하나요? 134
- 옛날보다 전쟁이 적게 일어나는 이유는 뭘까요? 138
- 인류 공동의 과제는 어떻게 해결할까요? 141

하나 더 껑충, 토끼 수업 : 국제기구, 어디까지 알고 있나요? 146

레슨 1
정치야, 안녕?

- 정치란 무엇일까요?
- 정치는 왜 필요할까요?
- 최종 결정은 누가 내릴까요?
- 정부는 꼭 필요할까요?

친구들 안녕? 반가워요!
김토끼의 정치 수업 첫 번째 시간이에요.
여러분은 정치가 무엇이고 사람들이 왜 정치를 하는지 아나요?
잘 모른다고요? 한 번도 생각해 본 적 없다고요?
이번 시간에는 정치가 무엇인지 알아보고
우리 삶에 정치가 왜 필요한지 살펴볼 거예요.
자, 그럼 지금부터 정치와 인사해 볼까요?

정치란 무엇일까요?

문제가 생기면 함께 논의도 해야 했죠.

정치라는 단어 자체가 공동체에서 생겨난 만큼 정치는 사람들이 모여 사는 장소인 국가와 아주 밀접한 관련이 있어요.

많은 사람들이 더불어 잘 살 수 있도록

국가는 사람들 사이의 갈등을 조율하고 옳고 그름을 판단해요.

규범이나 법을 만들어 사회를 질서 있게 유지하기도 하죠.

그 모든 과정이 정치입니다.

공동체가 나아갈 방향을 정하고 질서를 유지한다!

정치는 왜 필요할까요?

게다가 세상의 가치 있는 물건들은 그 수가 제한되어 있어요.

돈, 명예 등 모두들 가지고 싶어 하는 자원은 모두가 원하는 만큼 갖기에는 그 양이 충분하지 못해요.

가치는 희소한데 원하는 사람들이 많으면 때로는 조정이 필요하죠.

정치는 우리 사회가 질서 있게 유지될 수 있도록 사람들 간에 의견을 조정하고 공동의 결정을 내린답니다. 그리고 모두가 그 결정을 따르도록 통제하기도 하고요.

공동의 의사 결정은 어떨 때 필요한지, 정치는 어떤 문제들을 고민하는지 한번 살펴봅시다!

경제
- 빈부 격차를 어떻게 줄일까?
- 세금은 누구에게 얼마나 걷어야 할까?
- 집값은 이대로 괜찮을까?
- 세금을 어디에 어떻게 쓸까?
- 올해 경제 성장 목표는 어느 정도로 잡을까?

고용
- 어떻게 일자리를 늘릴 수 있을까?
- 최저 임금은 얼마여야 할까?
- 노동자의 복지는 어떻게 보장할까?
- 안정적인 일자리는 어떻게 만들까?
- 취약 계층 일자리는 어떻게 보장할까?

교육
- 의무 교육은 어디까지여야 할까?
- 교과서는 나라에서 정해야 할까?
- 입시 제도는 어떤 게 공평할까?
- 어떤 과목을 필수로 배워야 할까?
- 학교 배정은 어떻게 하는 게 좋을까?
- 공교육 질은 어떻게 높일까?

환경
- 어떻게 하면 자연을 보존할 수 있을까?
- 그린벨트를 풀어 개발하는 게 옳을까?
- 친환경 대중교통을 만들 수는 없을까?
- 전기료는 어느 정도가 적당할까?
- 동물 복지는 어떻게 보장할까?
- 재활용을 더 잘하게 하는 방법이 있을까?

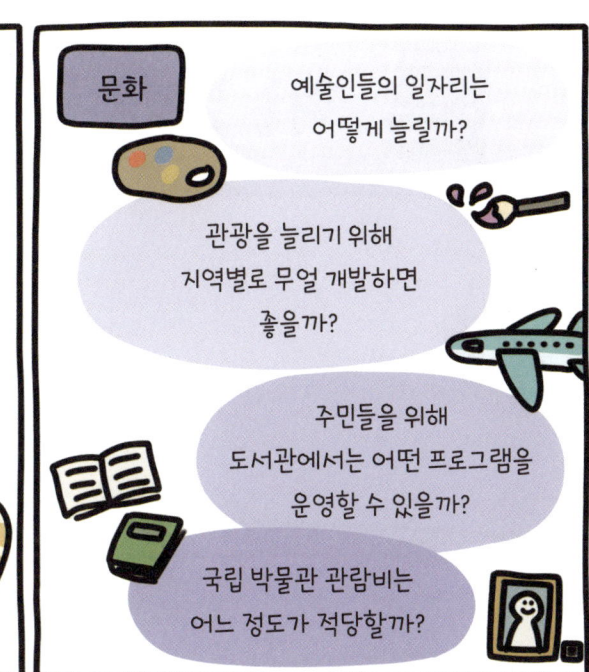
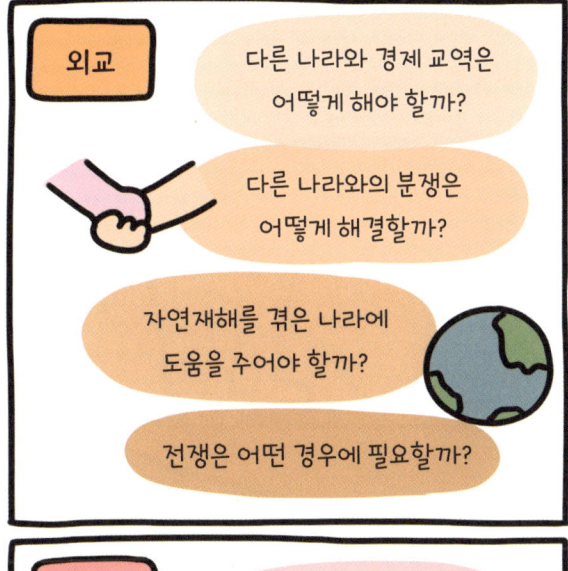

최종 결정은 누가 내릴까요?

그런데 그 많은 문제들에 누가 최종 결정을 하나요?

대통령이 정해요? 아니면 국회 의원들?

대한민국은 민주주의 국가잖아요. 국민이 정해야 하는 거 아니에요?

1인 1표씩!

아주 중요한 질문을 했네요!

사회마다, 국가마다 최종 결정을 내리는 사람(혹은 집단)은 제각기 다르답니다.

조선 시대엔 누가 최종 결정을 내렸죠?

한편 민주주의가 시작되었다고 알려진 고대 그리스의 아테네에서는
시민들이 직접 의사 결정을 하기도 했답니다.
광장에서 시민들이 함께 모여 중요한 문제에 대해 토론하고 결정도 내렸지요.

현대 국가에서는 정부가 권력을 가지고 최종적인 정치 결정을 해요.

간단히 말하면 권력은 누군가의 행동을 변화시킬 수 있는 능력을 의미해요.

마치 우리가 교통 법규를 당연하게 지키고 경찰의 지시를 따르는 것처럼요.

물리적인 힘이나 경제적인 부는 권력을 보장하는 중요한 요소예요.
실제로 국가는 군대나 경찰을 독점하고, 국민들에게 세금을 걷어서 국가 예산을 만들죠.

그러나 군대와 예산만으로는 부족해요.
국가의 권력 행사를 시민들이 자발적으로 받아들일 수 있도록 하려면
시민 모두가 국가의 권력 행사가 정당하다고 인정하고 있어야 해요.
정당성을 얻기 위해서는 다음과 같은 방법이 흔히 사용됩니다.

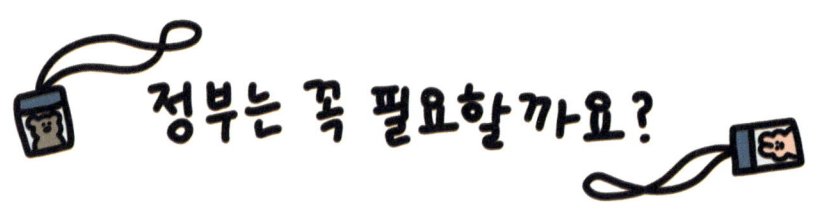# 정부는 꼭 필요할까요?

하지만 무정부주의는 소수의 생각이죠. 일반적으로 정부는 꼭 필요한 것으로 여겨져요.

홉스와는 다른 이유를 들며 정치권력이 꼭 필요하다고 주장하는 학자도 있었어요.

국가는 어떻게 국가가 될까요?

정치는 국가라는 공동체를 잘 이끌어 나가기 위한 과정이에요.
국가에는 수천만도 넘는 다양한 사람들이 모여 있는 만큼
정치적인 결정은 복잡하고 까다로울 수밖에 없어요.
그런데 이렇게 복잡하고 까다로운 과정을 거치면서까지 국가라는
커다란 공동체를 꼭 이루어야 할까요?
국가가 도대체 무엇이기에 사람들은 국가를 만들었을까요?

오늘날 세계로부터 국가라는 지위를 인정받기 위해서는 세 가지 중요한 조건을 갖추어야 해요. 그 세 가지 조건은 바로 '영토, 국민, 주권'이지요.

영토 국가가 존재하기 위해서는 영토, 즉 땅이 있어야 해요. 만일 자기네 땅이 없는 나라가 있다면 그 나라 사람들은 어떻게 될까요? 남의 나라 땅을 이곳저곳 떠돌며 차별받다가 뿔뿔이 흩어져 버리고 말 거예요. 그렇기 때문에 국가는 꼭 영토를 필요로 한답니다.

국민 영토는 있는데 국민이 한 명도 없는 나라가 존재할 수 있을까요? 아마 그런 나라가 있다고 하더라도 세상 사람들은 그곳을 그냥 황무지나 무인도쯤으로 생각할 거예요. 사람들이 국가를 만드는 이유는 공동체를 더 잘 이끌어가기 위해서인데, 공동체가 없는 나라가 과연 필요한 것인지 항상 의심받을 거고요.

주권 마지막으로 국가의 3요소 중 가장 중요한 것은 바로 주권이에요. 주권이란 국민이 자신의 의사를 어느 누구의 간섭도 받지 않고 자유롭게 결정할 수 있는 최고의 권력이죠. 어떤 나라가 주권을 잃

어버리면 그 나라는 자유를 잃고 노예 상태가 되어요. 국민들은 공동체를 지킬 힘을 잃어버리게 되고, 결국 그 공동체는 사라지게 되지요.

 이렇듯 국가는 영토, 국민, 주권을 기반으로 공동체를 유지하는 역할을 해요. 국가는 영토를 지키고, 국민을 보호하고, 공동체를 더욱 행복하게 만들기 위해서 생겨났지요.

국가는 어린이를 훌륭한 시민으로 자랄 수 있게 가르칠 의무가 있고, 소외되고 어려운 환경에 놓인 국민들에게까지 국가의 혜택이 골고루 돌아가게 할 의무가 있어요. 이러한 국가의 여러 혜택들은 나라가 커지면 커질수록 그 혜택의 규모가 커지기 때문에 예전부터 인류는 더 큰 공동체를 이루기를 좋아했어요. 사람이 많이 모일수록, 영토가 넓을수록 더 강하고 안전한 공동체를 이룰 가능성이 컸기 때문이지요.

그런데 큰 공동체가 반드시 좋은 것만은 아니에요. 국가 권력이 커지고 그에 따라 정치가 복잡해지면 반드시 소외받는 국민들이 생겨나요. 공동체의 이익이 골고루 분배되지 않고 일부 권력을 가진 사람들에게 쏠리는 현상도 벌어지고요. 그래서 국민이 정치인을 감시하는 일이 중요한 거예요. 정치인이 국가를 어떻게 이끌어 가는지 지켜보고, 정치에 항상 관심을 기울이고 참여하는 것은 국민이 자신의 삶을 위해 꼭 해야 할 일이지요.

레슨 2
정치 체제에도 모범 답안이 있나요?

각 나라의 정치 체제는 다양하대!

- 정치 체제란 무엇일까요?
- 국가마다 정치 체제는 어떻게 다를까요?
- 삼권 분립이란 무엇일까요?
- 지난날 대한민국 정부는 어떤 모습이었을까요?
- 지금 대한민국의 대통령제는 어떤 모습일까요?
- 지방 자치란 무엇일까요?

주목! 주목!
김토끼의 정치 수업 두 번째 시간이 돌아왔어요.
앞선 수업 시간에는 정치가 무엇이고
사람들은 왜 정치를 하는지에 대해 알아봤어요.
이번 시간에는 더 나은 정치를 하기 위해서
어떤 정치 체제를 만드는지 살펴볼 거예요.
우리나라에는 대통령이 있는데, 어째서 저 나라는
왕이 있는지 궁금하지 않나요?
다양한 정치 체제에 대해 알아봐요.

정치 체제란 무엇일까요?

갑자기 누군가 나타나서 자기 멋대로 부당한 결정을 내릴 수 없도록
국가는 시스템을 만들어 두어요.

'최종 결정을 내리려면 이러이러한 과정을 거쳐야 한다.'는
규칙을 미리 만들어 놓는 것이지요.

이러한 시스템을 통틀어서 '정치 체제'라고 불러요.

그럼 정치 체제를 만들 때 반영해야 하는 중요한 사항을 살펴보기로 해요!

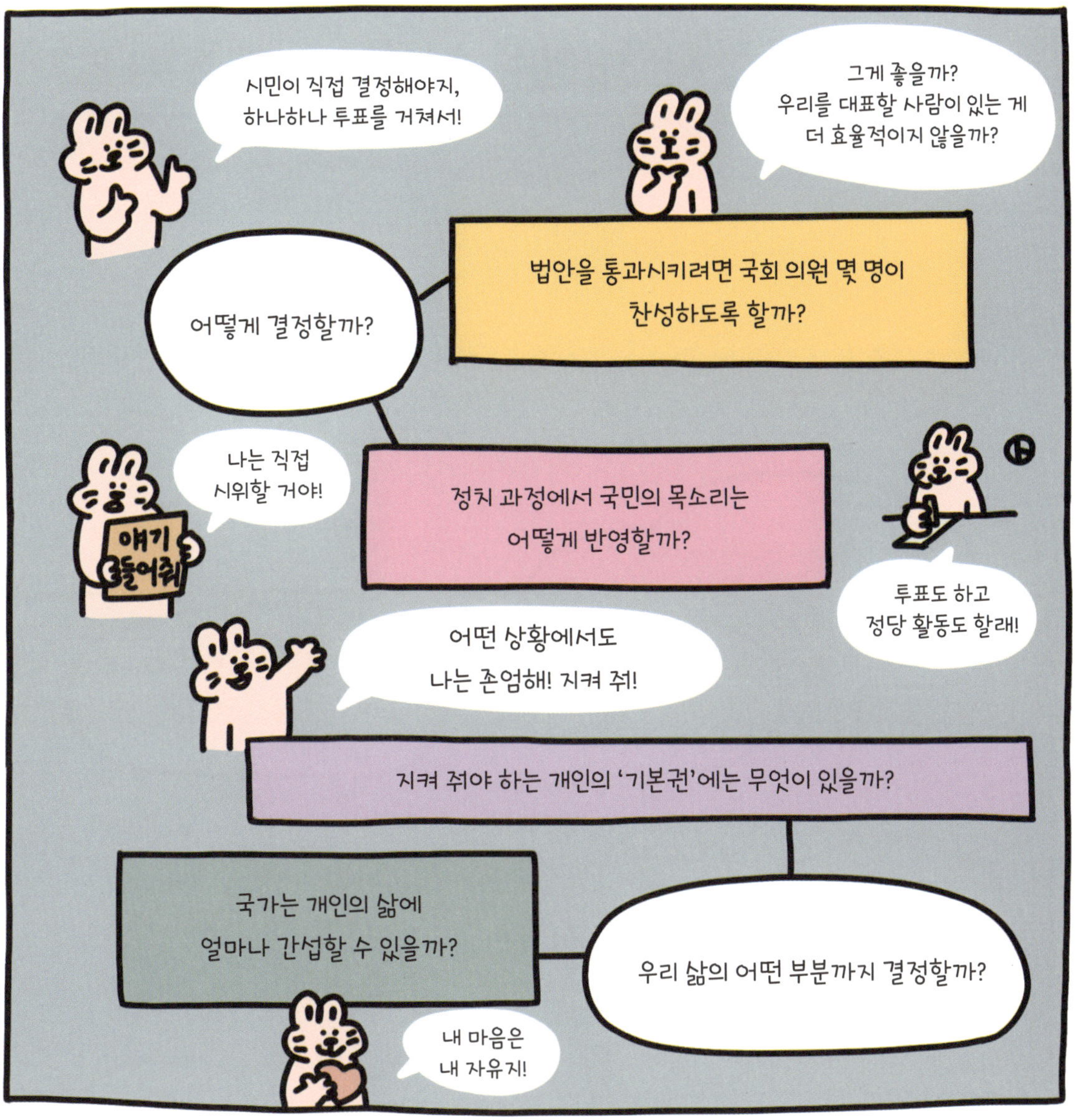

시민이 직접 결정해야지, 하나하나 투표를 거쳐서!

그게 좋을까? 우리를 대표할 사람이 있는 게 더 효율적이지 않을까?

어떻게 결정할까?

법안을 통과시키려면 국회 의원 몇 명이 찬성하도록 할까?

나는 직접 시위할 거야!

정치 과정에서 국민의 목소리는 어떻게 반영할까?

투표도 하고 정당 활동도 할래!

어떤 상황에서도 나는 존엄해! 지켜 줘!

지켜 줘야 하는 개인의 '기본권'에는 무엇이 있을까?

국가는 개인의 삶에 얼마나 간섭할 수 있을까?

우리 삶의 어떤 부분까지 결정할까?

내 마음은 내 자유지!

이 모든 질문에는 정답이 없어요. 국가마다 역사도 문화도 다르다 보니, 꿈꾸는 '좋은 사회'의 모습도 조금씩 다르답니다. 따라서 서로 다른 정치 체제를 가지고 있죠. 정치 체제는 각 나라의 헌법에 담겨 있어요.

국가마다 정치 체제는 어떻게 다를까요?

고대 그리스의 도시 국가 아테네는 직접 민주주의 체제였어요.
(21쪽에서 배웠죠?)

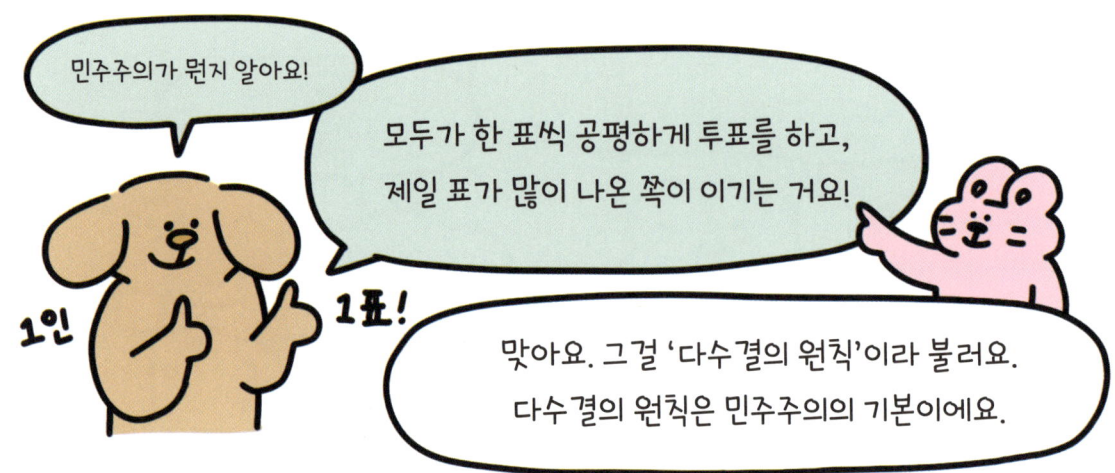

민주주의 국가에서는 국민의 뜻과 생각을 반영해요.
조금 어렵게 말하면 국민이 주권을 가져요.

직접 민주주의와 대의 민주주의는
국민의 뜻을 반영하는 방법에서 조금 차이가 나요.

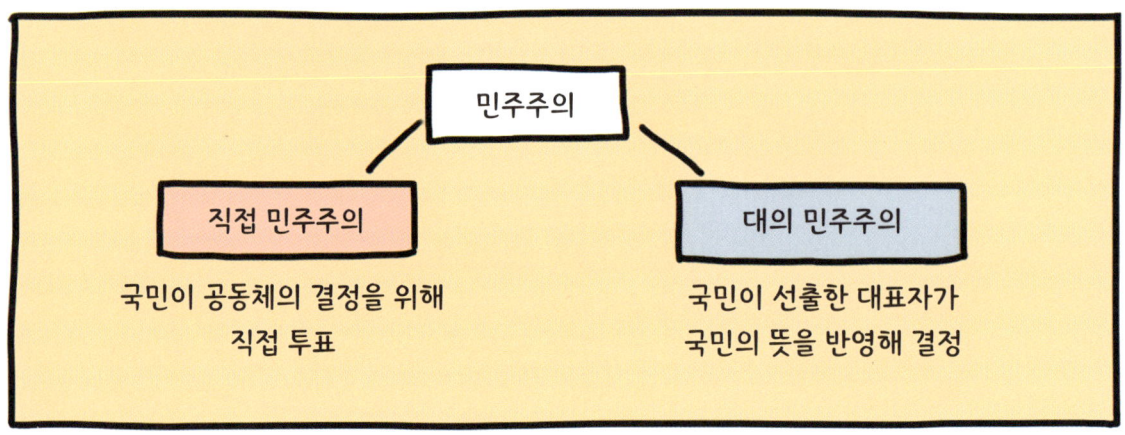

삼권 분립이란 무엇일까요?

단지 다수라는 이유로 소수를 억압하게 될 수도 있기 때문이에요.

이 부분을 많이 고려한 나라가 바로 미국이에요.

삼권 분립도 그런 노력 중 하나랍니다.

삼권 분립은 서로서로 견제하면서 균형을 잡을 수 있도록 한답니다.
대부분의 민주주의 국가에서 택하는 제도로, 대한민국 헌법에도 적혀 있어요.
그럼 우리나라 행정부, 입법부, 사법부는 각각 어떤 권한과 책임이 있는지 볼까요?

행정부	- 행정부에서는 정책과 법을 실행해요. - 행정부에서는 주로 공무원들이 일하고 있어요. - 대한민국에서는 대통령이 국가의 원수이자 행정부의 우두머리지만, 행정부는 대통령이 마음대로 권력을 휘두르지 못하도록 견제하는 역할도 하지요.
입법부	- 입법부 즉, 국회에서는 법안을 새로 만들고, 고치고, 없앨 수 있어요. - 국회 의원은 국민이 선출하기 때문에 국회는 국민을 대표하는 기관이에요. - 행정부가 일을 잘하는지 감시하고 통제하는 역할도 수행하지요.
사법부	- 법원에서는 법에 따라 판결을 내려요. - 법관은 선거로 뽑지 않고 다른 세력에 간섭받지 않도록 신분을 보장해 준답니다. - 우리나라에는 '헌법재판소'가 따로 있어요. 법이 헌법에 어긋나는지를 판단하는 기관이지요.

행정부, 입법부, 사법부는 독립적으로 존재하며 서로를 견제하면서도 아주 밀접하게 일한답니다.

나라가 잘 운영되려면 각자 역할을 잘해야겠죠?

지난날 대한민국 정부는 어떤 모습이었을까요?

우리나라는 일제 강점기 이후, 1948년에 처음 헌법을 만들었어요.

그때 당시 헌법에서는 대통령제를 택했어요.
지금처럼 국민이 직접 투표하는 '직접 선거'는 아니었어요.

의회에서 대통령을 선출하게 되어 있었죠.

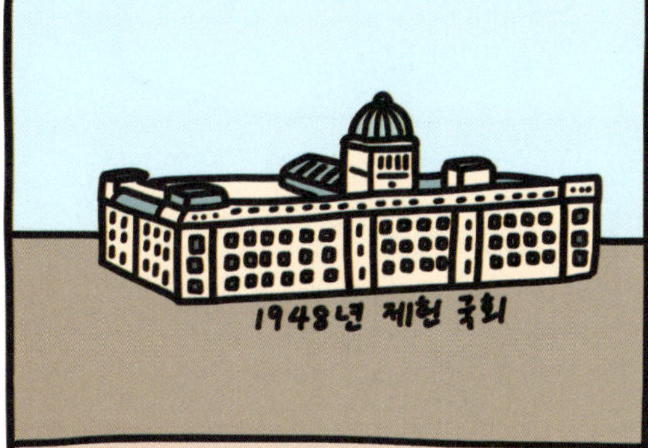

1948년 제헌 국회

그런 선거를 '간접 선거'라고 불러요.

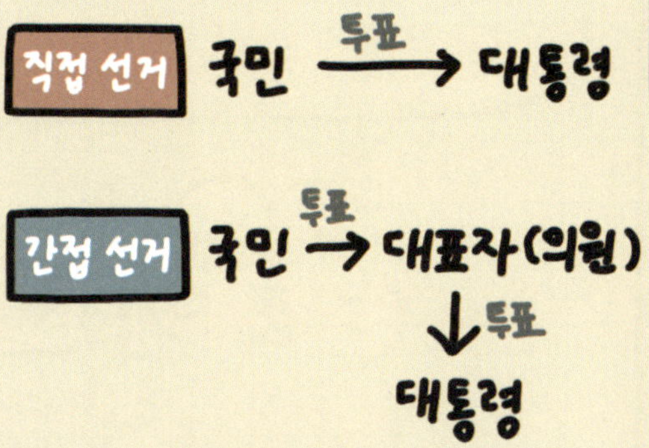

직접 선거: 국민 —투표→ 대통령

간접 선거: 국민 —투표→ 대표자(의원) —투표→ 대통령

의원들이 뽑은 대한민국 첫 대통령이 바로 이승만이에요.

국민 여러분!

이승만

모든 대통령은 잘한 것도 잘못한 것도 있어요. 지금은 삼권 분립과 민주주의의 측면에서만 알아볼게요.

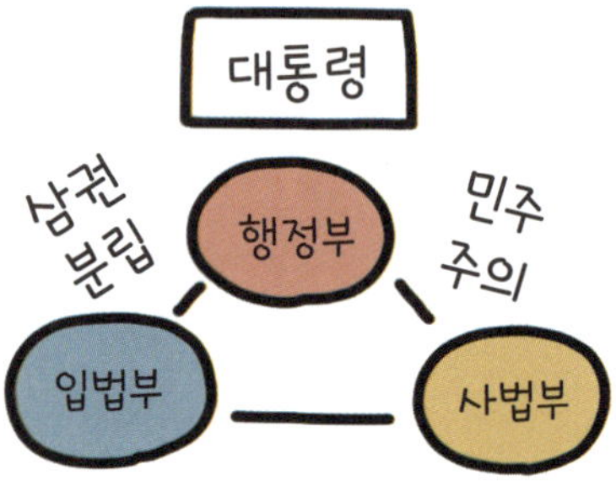

대통령
삼권 분립 — 행정부 — 민주주의
입법부 — 사법부

당시 헌법에는 삼권 분립 내용이 적혀 있었지만
이승만 정권은 국회와 사법부를 자기 통제하에 두었어요.

그때 대한민국은 왕이 통치하던 시기를 지나 약 35년간 일제의 지배를 받은 뒤,
민주주의 국가로 막 다시 태어났어요. 시민들도 리더들도 민주주의에 대한 이해가
부족할 수밖에 없었죠.

1961년, 일부 군사 세력이 쿠데타를 일으켰어요.
그리고 당시 육군 소장이었던 박정희가 대통령 자리에 앉지요.

권위주의란 강력한 정부가 국민의 정치적 자유를 제한하면서 지배하는 정치 체제를 말해요.

"휴… 대체 어떻게 민주주의가 왔어요?"

"지쳐요….".

"이제 와요! 바로 시민들이 직접 목소리를 내기 시작하면서요."

1980년 5월 18일, 광주에서 민주화 운동이 일어나고, 1987년에는 6월 민주 항쟁이 일어나요.

시민들이 직접 거리로 나와 민주주의를 부르짖지요.

"못 참겠다!"
"공정한 선거!"
"기본권 보장하라!"
"대통령 직선제 해 달라!"
"보장하라!"
"대한민국 민주주의 실현에 결정적인 사건들이에요."

그 결과 민주주의를 지킬 수 있도록 헌법을 고칠 수 있었어요. 그때 개정된 헌법이 지금까지 이어지고 있지요.

민주주의여 오라!

지금 대한민국의 대통령제는 어떤 모습일까요?

대한민국은 5년에 한 번 대통령 선거를해요. 만 18세 이상의 국민이 직접 뽑지요.

대한민국 대통령은 딱 한 번만 할 수 있어요. 이를 '단임제'라 불러요.
대표적인 대통령제 국가인 미국은 임기가 4년인 대신 대통령으로 두 번까지 할 수 있죠.
이게 바로 '연임제'예요.

대한민국 대통령은 어떤 일을 하는지 볼까요?

- ☑ 국가 원수로서 나라를 대표해요.

- ☑ 행정부를 이끌어요. 행정부 각 부의 장을 임명해요.

- ☑ 중요한 결정을 내려야 할 때 국민 투표를 제안할 수 있어요.

- ☑ 국가에 비상사태가 일어났을 때 '계엄'을 선포해서 군대를 동원할 수 있어요.

- ☑ 국회에 법률안을 제출할 수 있어요.

대한민국 대통령은 권한이 상당히 많은 편이에요.

하지만 이들 나라에서 왕이 실제로 권력을 가진 사람은 아니랍니다.

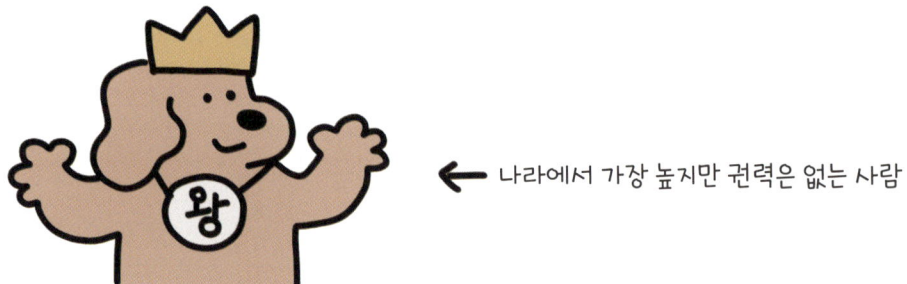

← 나라에서 가장 높지만 권력은 없는 사람

의원 내각제에서는 의회에서 선출된 '총리'가 실제 권력을 가지고 행정부를 이끌어요.

실질적인 권력을 가진 사람을 의회에서 선출하기 때문에
의원 내각제 국가에서는 의회, 즉 입법부의 역할이 굉장히 중요해요.

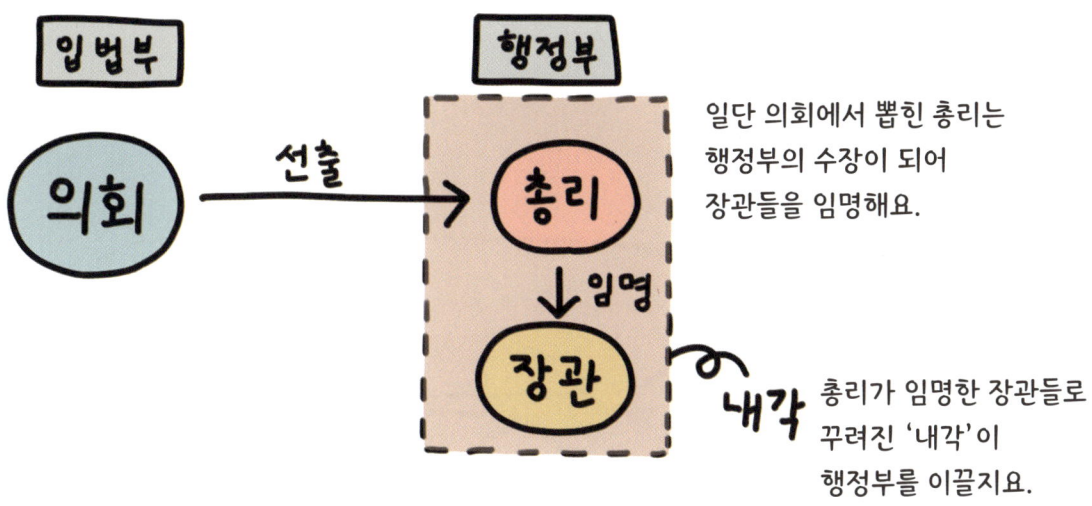

일단 의회에서 뽑힌 총리는 행정부의 수장이 되어 장관들을 임명해요.

총리가 임명한 장관들로 꾸려진 '내각'이 행정부를 이끌지요.

의회는 총리가 잘하는지 점검하다가, 언제든 그만두게 할 수 있어요.

지방 자치란 무엇일까요?

대통령과 국회만 정부는 아니에요. 지역마다 정부가 있어요!

각자 살고 있는 지역마다 상황이 다르기 때문이지요.

지역마다 그때그때 필요한 사안들에 잘 대응하려면 지방 정부가 필요해요.
중앙 정부에서 전국 곳곳에서 일어나는 크고 작은 문제를 다 다룰 수는 없을테니까요.

지역마다 자율성을 주는 것은 권력을 분산시키는 좋은 방법이기도 하고요.

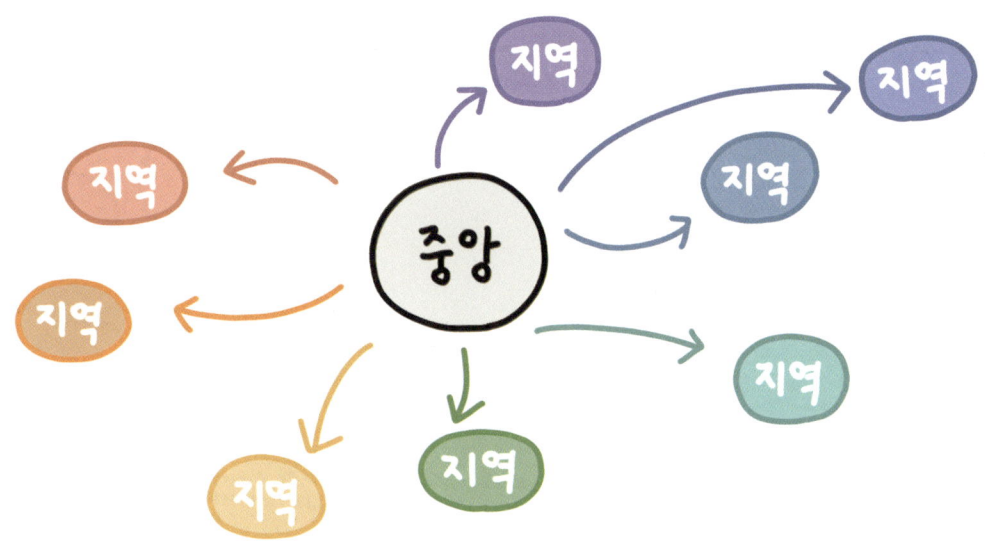

우리나라는 지방 자치가 아주 활성화되어 있지는 못해요.
아직까지는 중앙 정부에 권력이 집중되어 있어요.

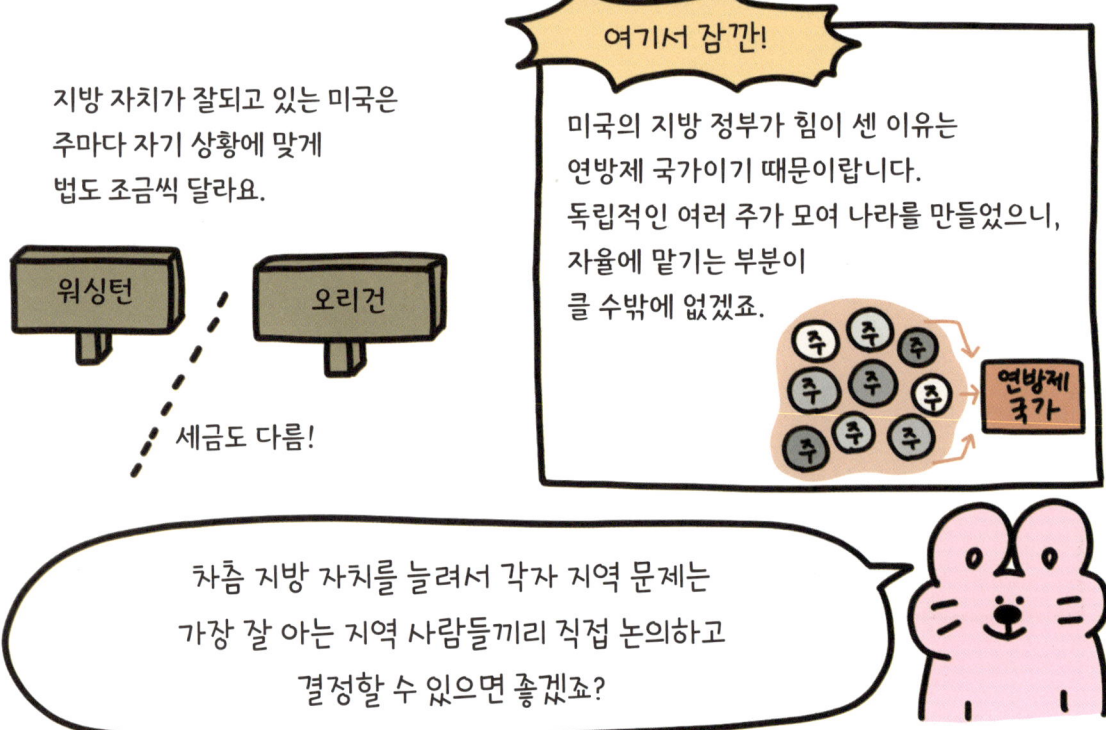

지방 자치가 잘되고 있는 미국은
주마다 자기 상황에 맞게
법도 조금씩 달라요.

여기서 잠깐!

미국의 지방 정부가 힘이 센 이유는
연방제 국가이기 때문이랍니다.
독립적인 여러 주가 모여 나라를 만들었으니,
자율에 맡기는 부분이
클 수밖에 없겠죠.

차츰 지방 자치를 늘려서 각자 지역 문제는
가장 잘 아는 지역 사람들끼리 직접 논의하고
결정할 수 있으면 좋겠죠?

정치 체제, 어떤 형태가 있을까요?

우리나라가 어떤 정치 체제를 이루고 있는지 잘 알았나요?
앞서 살펴본 것처럼, 우리나라는 대의 민주주의를 통해 대통령을 선출해서 국가를 운영하는 정치 체제를 갖고 있어요.
그런데 세계에는 대통령제 말고도 다양한 형태의 정치 체제가 존재한답니다.

입헌 군주제

오래전 대부분의 국가들은 왕 또는 군주를 중심으로 나라를 운영하는 군주제를 채택했어요. 군주 한 사람이 절대적인 권력을 가지고 나라를 마음대로 통치하던 군주제가 헌법에 근거해 민주적으로 변화한 것이 바로 이 입헌 군주제이지요. 오늘날 입헌 군주제 국가의 군주들은 실질적인 권한은 거의 없고 상징적인 역할만 하는 경우가 많아요. 대체로 의원 내각제 같은 정치 체제를 함께 차용하고 있는 국가들이 많지요. 대표적인 입헌 군주제 국가로는 영국, 일본, 네덜란드, 덴마크, 스웨덴, 태국, 스페인, 모로코, 벨기에 등이 있어요.

대통령제

전 세계 국가의 약 20퍼센트 가량이 채택하고 있는 정치 제도예요. 국민들이 투표를 해서 정치적인 권력이 막강한 대통령을 선출하면 그 대통령이 행정부를 맡아 국가의 경영 방향을 결정하고 운영해 나가는 형태의 정치 체제이지요. 대통령의 권한이 워낙 막강하기 때문에 대통령제에서는 사법부와 입법부, 행정부를 나누는 삼권 분립을 시행해 서로 견제해요. 대통령제를 시행하는 나라에는 한국을 비롯해, 미국, 멕시코, 필리핀, 이란, 베네수엘라, 이집트 등이 있어요.

의원 내각제

국민의 지지를 더 많이 얻은 다수당이 국가를 경영하는 정치 체제예요. 많은 의석을 가진 다수당이 총리를 세우고 장관을 임명하는 등, 내각을 구성하기 때문에 나라의 행정이 신속하고 능률적으로 이루어질 수 있는 큰 장점이 있어요. 하나의 정당이 과반 의석을 차지하면 단독으로 행정부를 구성하고, 그렇지 않다면 몇 개의 정당이 함께 행정부를 구성하기도 해요. 이를 연립 정부라고 해요. 대통령제와는 다르게 총리 임기 중에도 의회는 내각을 전원 사퇴하게 할 수 있는 내각 불신임권을 가져요. 반대로 내각은 의회를 해산시킬 수 있어 서로 견제가 가능하지요. 의원 내각제를 채택한 국가로는 독일, 그리스, 폴란드 등과 왕이 있는 영국, 일본, 호주, 뉴질랜드 등이 있어요.

이원 집정부제

대통령제와 의원 내각제의 중간 형태의 정치 체제예요. 이원 집정부제에서는 국민이 투표를 통해 대통령을 선출하면, 대통령은 의회의 동의를 받아 총리를 임명하는 등 내각을 구성해요. 의회는 내각 불신임권을 가지지만 대통령을 물러나게 할 수 있는 권한은 없어요. 평소 대통령은 외교나 국방 등을 주로 담당하고, 내각의 대표인 총리가 행정을 담당하는 형태가 일반적이지요. 이원 집정부제를 채택하는 국가에는 프랑스, 포르투갈, 몽골, 대만 등이 있어요.

지금까지 살펴본 정치 체제는 나라의 주권이 특정한 한 사람에게 있는 군주제가 아니라, 국민이 주권을 가지는 공화제를 기반으로 하는 체제예요.

그런데 공화제를 표방하면서도 특정한 한 사람이 막강한 권력을 가지는 정치 체제를 갖는 나라도 있어요. 오직 하나의 정당만을 인정하는 일당제를 채택하는 중국, 쿠바, 베트남, 북한 등이 바로 그런 나라이지요. 또 군사 독재 체제 아래 있는 나라도 비슷한 상황이에요. 사우디아라비아나 아랍 에미리트 같이 군주제를 채택하거나 군주제에 가까운 체제의 나라도 있어요.

레슨 3
정치에 참여하는 민주 시민이 되어 봐요

정치는 정치인들만 참여하는 거 아니야?

꼭 그런 것은 아닌가 봐.

- 정치에 어떻게 참여할까요?

- 선거에 나가려면 어떻게 할까요?

- 투표를 해요! • 선거의 종류는 어떤 게 있을까요?

- 정당은 무슨 일을 할까요?

- 이익 집단과 시민 단체는 왜 필요할까요?

- 목소리를 내는 또 다른 방법은 뭘까요?

안녕, 친구들!
김토끼의 정치 수업 세 번째 시간이에요.
여러분은 선거에 참여해 본 적이 있나요?
아마 있을 거예요.
반장 선거에 직접 후보로 나가거나,
내 손으로 직접 반장을 뽑아 봤다면 말이에요.
그런데 그거 아세요? 반장 선거에 참여해 봤다면
이미 여러분도 정치에 참여해 본 거랍니다.
자, 그럼 이제부터 정치 참여에 대해
좀 더 자세히 알아봐요.

"정치에 어떻게 참여할까요?"

선거에 나가려면 어떻게 할까요?

"아무나 후보자가 될 수 있나요?" "저도요?"

"선거마다 조건이 조금씩 달라요." "우리 옹이는 지금은 안 되지만 나중에는 나갈 수 있죠!"

대한민국 대통령 후보자가 되려면 선거일을 기준으로 5년 이상 국내에 거주해야 하고, 40세 이상이어야 해요. 국회 의원 후보자는 25세 이상이어야 하고요.

조금씩 제한이 있기는 하지만 기본적으로 누구나 나갈 수 있어요.

후보자가 되면 공약을 내걸어요.

"만약 제가 당선되면…!"

당선 후에 어떤 정책을 펼칠지 약속하는 거예요.

공약을 알기 쉽도록 책자를 만들고

생선을 하루에 한 마리씩 나누어 줄게요!

노래로 만들어 부르기도 하죠.

♪ 옹이를 뽑으면~ ♪ 1일 1생선~ ♪

후보자들은 직접 시민들을 만나고 연설도 하면서 사람들을 설득해요.

"여러분! 제가 생선 많이 나는 바다를 확보할게요!"

"선거에 나가면 할 일이 참 많겠죠?"

"그러네요!"

투표를 해요!

그렇다면 선거일에는 어떤 일이 벌어질까요?

음… 어른들이 투표하러 가요!

저희 투표 못 해요?

함께 가 볼까요?

투표소

나라가 세워질 때부터 민주주의를 택했던 미국만 봐도 그래요.

많은 사람들이 권리를 찾기 위해 목소리를 높였어요.

누구에게 언제 선거권을 주었는지는 국가마다 조금씩 시기가 달라요.
대부분의 국가에서는 1800년대 중반이 되어서야
재산이 많지 않은 사람도 투표를 할 수 있게 되었고,

세계 최초로 여성이 선거권을 가지게 된 것은 1893년 뉴질랜드에서였어요.
미국에서 흑인 남녀가 모두 선거권을 가지게 된 것은 사실상 1965년이었고요.

마틴 루터 킹(1929년~1968년)
- 미국의 흑인 인권 운동가
- 흑인 투표권을 얻어 냄.

서프러제트(19~20세기)
- 영국의 여성 운동가들
- 여성 선거권을 위해 맞서 싸움

이 모든 게 무수한 노력의 결과였지요.

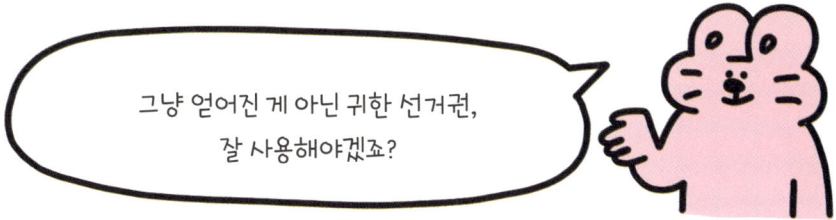

선거의 종류는 어떤 게 있을까요?

하지만 비례 대표 국회 의원은 다른 방법으로 뽑아요.

선거권자들은 특정한 사람이 아니라 정당에 투표를 해요.

이 정당이 나랑 비슷한 생각을 가진 것 같아! 뽑아 줘야지.

사람이 아니라 정당을 뽑는다고요? 그럼 대체 누가 어떻게 뽑혀요?

예를 들어 다음 세 개의 정당이 아래와 같이 표를 받았다고 해 봐요.

만약 100석의 국회 의원 자리가 있다면, 좋은당이 50석, 착한당이 40석, 똑똑당이 10석을 얻어요.
정당마다 미리 발표한 명단에 따라 당선자가 결정되지요.

이렇게 각 정당이 얻은 득표율에 비례해 의석을 나누는 방식을 비례 대표제라고 불러요.

물론 실제 선거에서는 계산이 훨씬 복잡하지만, 아무튼 국민들이 던진 표를 공평하게 나누기 위한 방법이에요.

득표율에 따라  자리 배분!

네? 공평요?

?

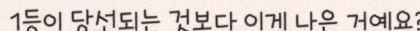

정당은 무슨 일을 할까요?

대한민국의 경우 역사적으로 두 개의 정당이 엎치락뒤치락하고 있는데,

이익 집단과 시민단체는 왜 필요할까요?

목소리를 내는 또 다른 방법은 뭘까요?

그렇죠. 일제에 맞서 독립을 부르짖은 시위였어요.

3.1 운동 이후 바로 독립이 이루어지지는 못했지만, 이 운동을 계기로 대한민국 임시 정부가 수립되었어요. 아주 의미 있는 일을 시민이 해낸 거죠.

민주주의 또한 직접 시민의 손으로 이루어 냈답니다.

앞에서 살펴본 것처럼, 대통령이 독재하는 것에 반발한 국민들이 거리로 나갔어요.

비록 수년간 수많은 희생이 있었지만, 결국은 이루어 냈답니다.
대한민국의 민주주의가 차츰 자리를 잡게 되지요.

참정권이 뭔지 잘 모르겠다고요?

지금까지 국민이 정치에 참여할 수 있는 다양한 방법들을 알아봤어요. 이렇게 국민이 정치에 직접, 간접적으로 다양하게 참여할 수 있는 권리를 가리켜 참정권이라고 불러요. 주권을 가진 국민에게는 누구에게나 참정권이 보장되어요. 물론 예외적인 경우가 있기는 하지만요. 자, 그렇다면 참정권에는 구체적으로 어떤 권리가 있는지 살펴볼까요?

선거권
대통령이나 국회 의원 등 중요한 국가 공무원을 선출하는 데 참여할 수 있는 권리를 말해요. 선거에 참여한다는 것은 결국 투표에 참여하는 것이기 때문에 투표권이라고 부르는 경우도 있지만, 선거를 통해 공무원을 선출한다는 점에서 법안 등에 찬반을 표시하는 투표권과는 구분되는 권리예요. 선거권은 주권을 가진 국민 누구에게나 주어지지만 일정한 나이가 되어야만 권리를 사용할 수 있어요. 한국은 현재 만 18세가 넘어야 선거권을 행사할 수 있어요.

피선거권
선거권이 국가 공무원을 선출하는 데 참여할 수 있는 권리라면, 피선거권은 국민 스스로 선출의 대상이 될 수 있는 권리를 말해요. 다시 말해서, 대통령이나 국회 의원이 되고자 선거에 출마하는 사람은 피선거권을 행사하는 거예요. 선거권과 마찬가지로 국민이라면 누구나 피선거권을 행사할 수 있지만 몇 가지 제약이 있어요. 현재 우리나라에서는 대통령 선거에 출마하기 위해서는 40세 이상이어야 하고, 국회 의원이 되기 위해서는 25세 이상이어야 해요. 그런데 최근에는 이러한 나이 제한을 없애야 한다는 목소리도 커지고 있지요.

국민 투표권 국가의 중요한 사안에 대해 국민이 자신의 의사를 표시하기 위해 투표할 수 있는 권리를 말해요. 선거를 위한 투표가 아니어서 선거권과는 구분되는 권리예요. 영국에서는 국민 투표를 통해 유럽 연합에서 탈퇴하는 결정을 했는데 바로 이 사건이 '브렉시트'라고 불리는 국민 투표로 결정한 대표적인 사례지요. 국민투표는 선출된 공무원이 정치 결정을 하는 대의 민주주의가 아닌 국민이 직접 정치 결정을 한다는 점에서 직접 민주주의의 사례라고 할 수 있어요.

공무 담임권 선거에 출마할 수 있는 권리인 피선거권과 선출된 이후 공무원으로 임명되어 일할 수 있는 권리 모두를 가리키는 말이에요. 모든 국민은 공무원으로 임명될 수 있는 평등한 권리를 가지지만, 선거법을 위반하지 않는 등 엄격한 기준을 통과해야 공무원으로 임명될 수 있어요.

레슨 4
정치를 알면 좋은 세상을 만들 수 있어요

- 좋은 세상을 만들고 싶어요!
- 좋은 결정을 내리는 건 간단하지 않아요
- 정부는 얼마나 커야 할까요?
- 좌파와 우파란 무엇일까요?
- 공평한 세상은 어떤 세상일까요?

짜잔!
김토끼의 정치 수업 네 번째 시간이 돌아왔어요.
정치에 참여한다는 건 참 멋진 일 같은데
왜 정치인은 텔레비전에만 나오면 싸우는 걸까요?
그뿐이 아니죠. 시위하는 사람은 또 얼마나 많은데요.
부당한 일에 맞서 시위하다가 다치는 사람은 또 얼마나 많고요.
다툼이 없는 모두가 행복한 좋은 세상을
어떻게 만들 수 있을까요?
그런데 좋은 세상이란 어떤 걸까요?

좋은 세상을 만들고 싶어요!

아우구스티누스
(354년~430년)

아우구스티누스가 활동한 중세에는 기독교가 나라의 종교였어요.
정치와 종교를 잘 이어 줄 수 있는 사상이 필요했겠지요?

그가 정치의 역할을 부정한 건 아니에요. 신의 질서를 완전히 이해할 수 있다면
정치가 필요하지 않겠지만, 현실에서 인간은 그러지 못하기 때문이지요.

니콜로 마키아벨리
(1469년~1527년)

"무슨 이야기인지 알아요. 딱 그런 이유로 새로운 주장을 한 사람이 있거든요. 바로 마키아벨리예요."

마키아벨리는 앞선 사상가들과는 달리 '있는 그대로의 세상'을 볼 필요가 있다고 주장하죠.

도덕이나 원리가 아닌

"좋은 국가… 머릿속으로만 생각할 게 아닌 것 같은데…."

있는 그대로의 현실을 보는 게

"정치를 잘하려면 실제 현실 세상인 '역사'를 보고 배워야 해요!"

더 유용하고 의미 있는

"국가 안팎으로 질서가 잡히고 안정이 되어야 시민의 행복도 가능하군."

교훈을 줄 수 있다고 생각한 거죠.

"안정을 위해서는 법과 군사력이 매우 중요해!"

"아주 현실적이네요."

"저는 마키아벨리가 솔직해서 좋은 것 같아요!"

제러미 벤담
(1748년~1832년)

벤담은 행복을 늘리고 고통을 줄이는 행동은 옳고,
행복을 줄이고 고통을 늘리는 행동은 옳지 않다고 주장해요.

좋은 결정을 내리는 건 간단하지 않아요.

딜레마는 '이러기도 저러기도 어려운 상황'을 말해요.

이같이 어느 한쪽을 선택하기가 쉽지 않은 상황이 '딜레마'예요.

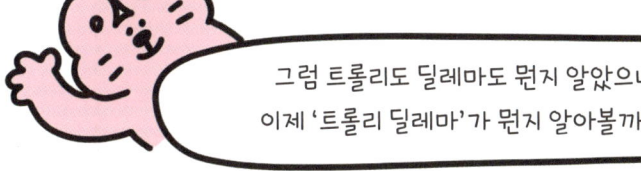

정부는 얼마나 커야 할까요?

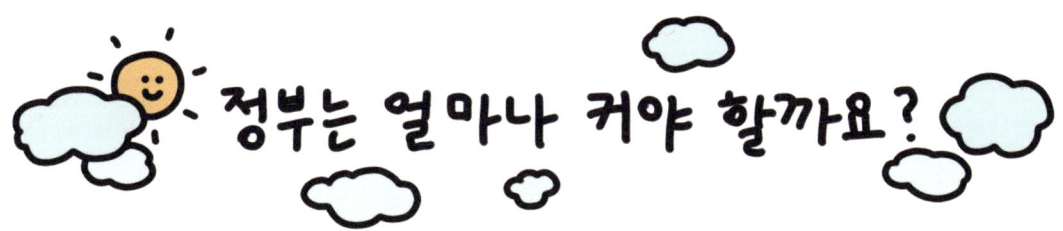

정치사상은 모든 정치 활동의 기초라고 봐도 된답니다.

정치사상

우리가 살아가는 현실에 아주 직접적으로 닿아 있는 이야기를 살펴볼까요?

여러분은 정부가 얼마나 커야 한다고 생각해요?

네? 정부의 크기요?

건물 크기 같은 거요?

건물의 크기나 정부에서 일하는 사람의 수도 관련 있겠지만 그보다 정부가 하는 일에 대한 질문이에요.

정부는 국민을 적극적으로 돌보는 일을 해야 할까요?

아니면 국민이 알아서 할 수 있도록 최대한 자유를 줘야 할까요?

큰 정부　　작은 정부

정부의 크기는 국민에게서 걷는 세금의 양과도 관련이 깊어요.
정부가 국민을 위해 많은 일을 하려면 돈이 많이 필요하겠죠?

세금을 많이 걷어요.
의료나 복지 같은 공공 서비스가 많아요.
어려운 사람에게 돈이나 서비스를 지원해요.
노동자를 보호하기 위해 기업에 규제를 해요.
약자를 보호하기 위한 법을 만들어요.

세금을 적게 걷어요.
국민 안전을 위한 최소한의 역할만 해요.
개인이 최대한 자유롭게 지낼 수 있도록 해요.
기업에도 규제를 많이 하지 않아요.
의료나 복지 같은 공공 서비스가 적어요.

큰 정부-작은 정부는 주로 경제적인 관점에서 이야기되어요.
그러나 그게 국가 역할의 전부는 아니에요.

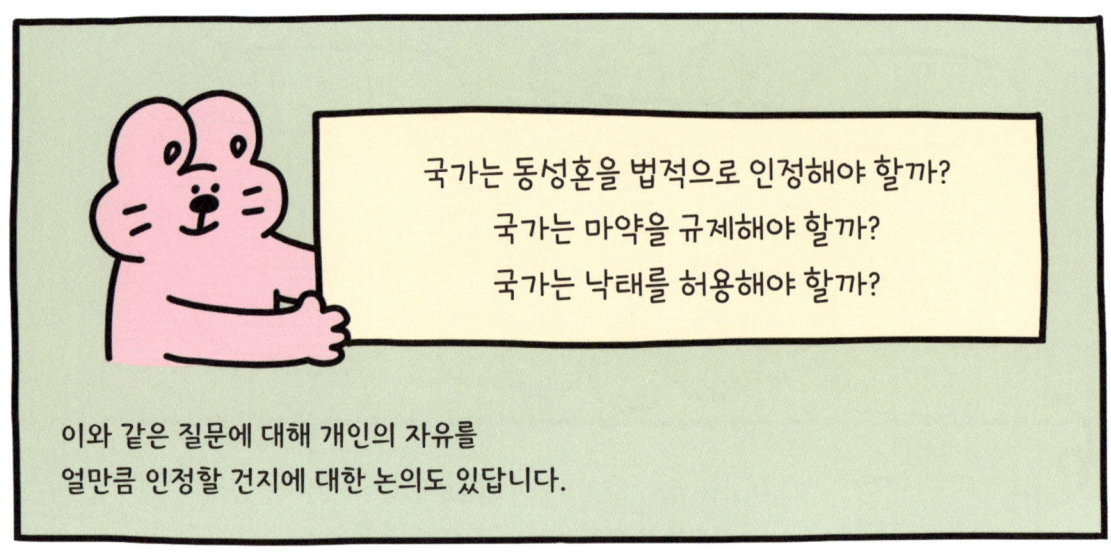

좌파와 우파란 무엇일까요?

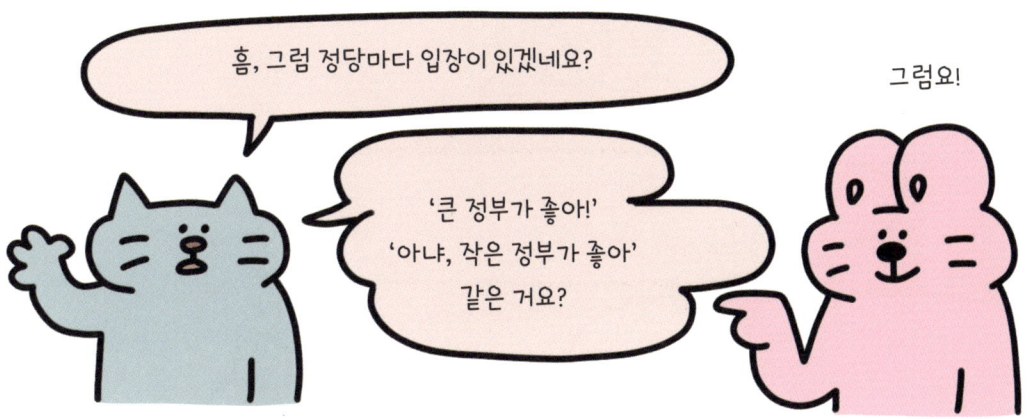

정당은 저마다의 정치사상을 가지고 움직이지요.

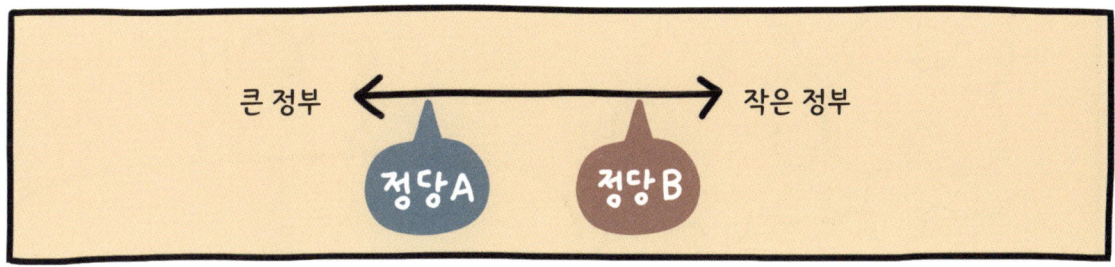

그러면서도 그때그때의 현실에 반응하기 때문에,
입장이 한곳에 고정되어 있다기보다는 계속 바뀌고 변해요.

역사적으로 '좌파'와 '우파'라는 단어는 18세기 프랑스 의회에서 비롯되었어요.

당시 프랑스에는 왕이 있었어요.

1789년 프랑스 혁명 직후 새로운 사회 질서를 만들기 위해 의회가 열렸는데

왕의 왼쪽에는 왕을 몰아내는 혁명을 바라는 정치인이 앉았고

세상이 바뀌었어요!

왕을 몰아내야죠!

질서를 아예 새로 만들어야 해요!

그래도 급격한 변화는 안 좋아요….

차근차근 바꿔 나가야죠.

전통이 있는데….

오른쪽에는 왕을 지지하며, 변화를 하더라도 조심스럽게 진행되기를 바라는 정치인이 앉았다고 해요.

그때부터 '좌파'와 '우파'가 시작된 거랍니다.

공평한 세상은 어떤 세상일까요?

세상에는 불평등이 많아요.

현실이 그러한데, 그렇다면 평등한 사회는 어떻게 만들까요?

멍이 이야기처럼 모두에게 공평하게 나누어 주는 게 평등일 수도 있지만

옹이 이야기처럼 각자의 노력이나 재능을 공평하게 인정해 주는 게 평등일 수도 있어요.

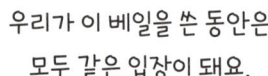
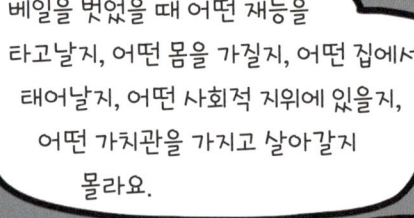

이데올로기가 뭘까요?

좋은 세상이 어떤 세상인지에 대한 생각이 사람마다 달라요.
그래서 함께 끊임없이 고민하고 토론하는 과정이 필요해요.
이 과정에서 자연스럽게 비슷한 생각을 가진 사람끼리 모이게 되는데,
이런 사람들을 '같은 이데올로기를 공유한다'고 말해요.
이데올로기라니, 너무 어려운 말인가요?

이데올로기란 세상을 바라보는 시각이나 방식을 결정하는 큰 생각이에요. 세계관이나 종교관, 철학, 사상 등 어떤 사람의 삶의 목표를 완전히 바꾸어 놓을 수 있는 큰 생각이라면 모두 이데올로기라고 할 수 있어요. 어떤 사건에 대해서 사람마다 제각각 다른 판단을 하는 이유는 바로 각자가 옳다고 생각하는 이데올로기가 다르기 때문이지요.

이를테면, 이슬람 국가에서 여성이 쓰고 다니는 히잡을 보고 사람들은 서로 다른 생각을 해요. 이슬람이라는 종교관을 통해 세상을 바라보는 사람은 히잡을 이슬람의 아름다운 종교적 전통이고 꼭 지켜 나가야 할 종교적 자존심의 상징으로 여길 수 있어요. 그러나 여성주의 이데올로기를 통해 세상을 바라보는 사람에게는 히잡이 여성에게만 강요되는 차별적인 종교 문화의 상징이자, 시대착오적인 가부장제의 산물로 보일 수 있겠지요.

이렇듯 이데올로기는 사람들이 같은 현상을 보고도 너무나도 다른 해석을 내릴 수 있게 만들어요. 그렇기 때문에 이데올로기는 이 세상을 다채롭게 하지요. 또, 서로 다른 생각을 가진 사람들이 늘 깨어서 고민하게 해요. 이런 고민은 우리에게 더 발전된 세상을 선물해 주고요. 하지만 이데올로기는 서로 너무 다른 생각을 하게 만들기 때문에 갈등과 폭력의 씨앗이 되기도 하지요. 때로는 전쟁과 같은 무서운 결과를 낳기도 하고요.

공산주의는 나쁜 걸까요?

민주주의는 국민 모두에게 주권이 있고,
국민이 주권을 행사하는 정치 체제예요.
현재 가장 이상적으로 여기는 정치 체제가 바로 민주주의지요.
그렇다면 민주주의의 반대말은 무엇일까요? 공산주의일까요?

　　　　민주주의의 반대말은 독재예요. 독재라는 말의 의미는 국가의 정치적인 권한을 한 사람에게 독점시켜 나라를 통치한다는 말이에요. 국민에게서 주권이 나오는 민주주의와는 완전히 반대되는 정치 체제이지요.
　　　　그렇다면 공산주의는 뭘까요? 공산주의는 국가가 사회의 모든 재산을 소유하고 소외되는 사람 없이 공평하게 재산을 나눠 주는 정치 체제를 말해요. 개인이 재산을 소유하고 능력에 따라 재산의 규모가 달라지고 신분마저 달라지는 자본주의와 완전히 반대되는 정치 체제이지요. 사실 이론 그 자체로만 놓고 본다면 공산주의나 자본주의나 어떤 것이 맞고 틀리다고 말할 수 없는 부분이 있어요. 단순하게 이야기하면 다함께 노력해서 얻은 수확물을 누구나 공평하게 나누느냐, 아니면 수확에 더 많은 기여한 사람에게 많은 몫을 주고, 적게 기여한 사람에게는 적은 몫을 주느냐 하는 문제니까요. 각각 장단점이 있을 수 있지요.

그런데 왜 공산주의는 우리에게 독재와 같은 것으로 인식되고 있을까요?
현재 공산주의 국가가 독재 체제로 운영되고 있고,
자세히 알아보면 공산주의 국가가 아니기 때문이에요.

현재 존재하는 들여다보면 공산주의 국가에서는 재산이 공평하게 분배되지 않고
신분에 따라 갖은 차별이 일어나요. 엄밀히 말해 지구상에 진정한 의미의
공산주의 국가가 존재했던 적은 한 번도 없지요.

레슨 5
세계는 넓고 정치는 어디에나 필요해요

- 국제 정치란 무엇일까요?
- 국제 정치는 왜 특별할까요?
- 전쟁은 왜 일어날까요?
- 전쟁이 정당화되기도 하나요?
- 옛날보다 전쟁이 적게 일어나는 이유는 뭘까요?
- 인류 공동의 과제는 어떻게 해결할까요?

여러분, 아쉽게도 김토끼의 정치 수업 마지막 시간이 되었네요. 지금까지는 한 나라 안에서 나라를 잘 경영하기 위해 어떻게 정치를 하는지 살펴봤어요. 그런데 정치는 한 나라 안에서만 일어나는 일일까요? 아니죠. 나라와 나라 사이에서도 정치는 필요해요. 이번 시간에는 나라와 나라 사이에 일어나는 국제 정치에 대해 알아봐요.

국제 정치란 무엇일까요?

국제 정치에서 가장 중요한 단위는 '국가'이지만 그게 전부는 아니에요.
국제기구들도 중요한 역할을 해요. 가장 대표적인 국제기구는 유엔이 있어요.

유럽 연합이나 북대서양조약기구 같은 지역 수준의 국제 협력 기구도 있죠.
이런 협력 기구는 크기도 목적도 다양해요.

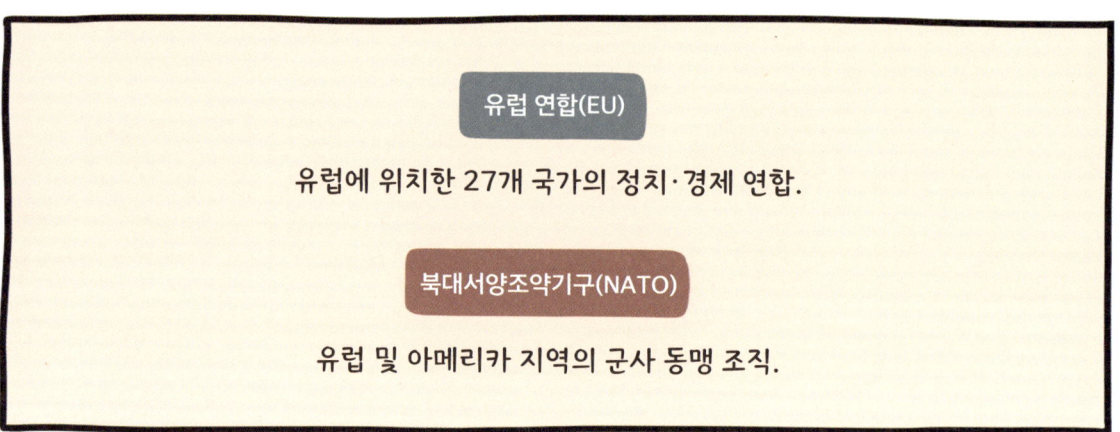

유럽 연합(EU)
유럽에 위치한 27개 국가의 정치·경제 연합.

북대서양조약기구(NATO)
유럽 및 아메리카 지역의 군사 동맹 조직.

그 외에도 국제적인 환경 단체, 인권 단체 등의
비정부기구(NGO)나 세계적인 기업도 국제 정치에 큰 역할을 해요.

기업요?

오늘날 큰 기업은 단순히 한 국가에 머물러 있지 않아요.

예를 들어 사장님은 한국인이지만

공장은 중국에 있고,

판매는 전 세계 시장에 할 수도 있잖아요.

그런 기업이 세계에 미치는 영향은 굉장히 크겠죠.
국제 정치에도 중요한 역할을 하고요.

국제 정치는 왜 특별할까요?

국제 정치….

국내 정치랑 많이 다를 것 같기도 하고….

또 결국에는 비슷할 것 같기도 해요.

아무튼 '정치'잖아!

그런가요?

그럼 어떤 부분이 얼마나 다른지 알아볼까요?

전쟁은 왜 일어날까요?

더 많은 자원과 노예를 확보하려고 다른 나라에 쳐들어가기도 했고요.

이념을 내걸고 전쟁을 하기도 했어요.

종교를 이유로 전쟁이 일어나기도 해요.

전쟁이 정당화되기도 하나요?

폭력은 좋은 방법이 아니에요. 다른 방법을 모두 사용해 본 뒤에 가장 마지막으로 고려해야 된다는 건 틀림없어요.
하지만 때로는 국가 간 평화를 위해 노력하는 유엔도 전쟁을 인정한답니다.

어떤 나라가 먼저 전쟁을 걸어온 경우예요.

그에 대항해 싸우는 전쟁은 인정받아요.

비상! 비상!

어엇?! 우리나라에 옆 나라 전투기가?!

오, 그건 당연한 것 같아요.

국민 안전을 지키는 건 국가의 마땅한 의무니까요.

중요한 가치를 지키기 위한 전쟁도 인정되어요.

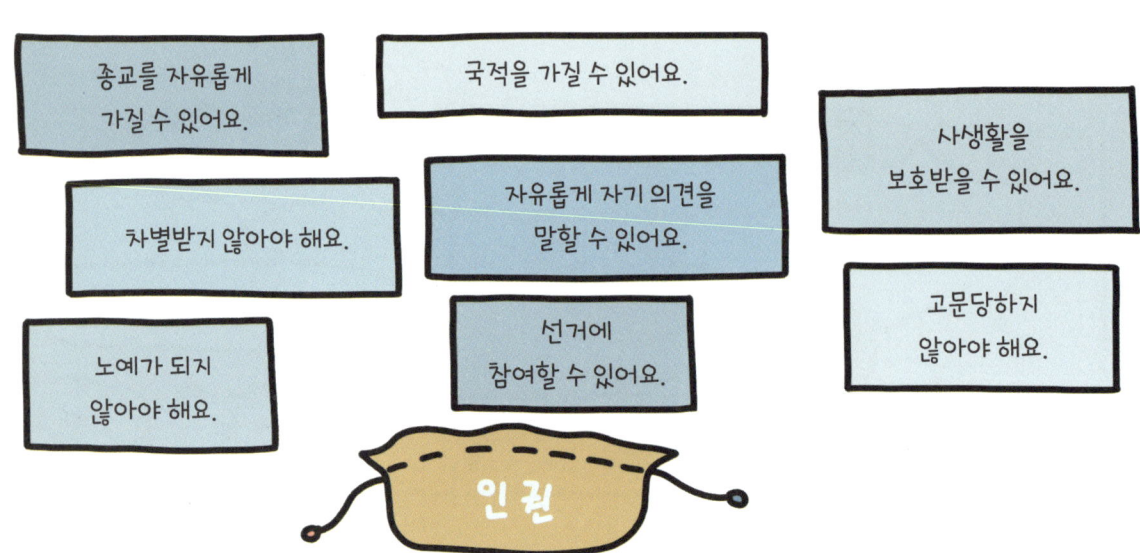

인권은 '사람이면 누구나 가지는 기본적인 권리'를 말해요.
예를 들어, 다음과 같은 것은 모든 사람이 마땅히 누려야 해요.

옛날보다 전쟁이 적게 일어나는 이유는 뭘까요?

전쟁이 적게 일어나는 이유에 대해서는 다양한 설명이 있어요.
우선, 지구촌 의식 수준이 높아졌기 때문이에요.

또, 국가 간 교류가 옛날에 비해 엄청나게 많아져서예요.

한편, 전쟁이 많이 일어나지 않는 건 무기의 발달 때문이라는 주장도 있어요.

인류 공동의 과제는 어떻게 해결할까요?

결국 환경은 어느 한 나라의 문제가 아니라 지구 전체의 문제예요. 한 나라의 잘못으로 일어난 일도 아니고, 한 나라가 노력한다고 해결할 수 있는 것도 아니죠.

지금 막 경제 개발을 하고 있는 개발 도상국은 불공평하다고 주장해요.

또 하나는 어떤 나라가 약속을 지키지 않았을 때
제재할 수 있는 방법이 마땅히 없다는 것이지요.

하지만 명심해야 해요. 지구는 하나뿐이에요.
이 땅 위에 살고 있는 다른 종에게도, 우리 후손에게도
지금의 아름다운 모습으로 전해 주어야겠죠.
모든 국가는 공동의 문제에 대해 자기가 먼저 해결해 나가려는
의지와 노력을 가져야 해요.
서로에게 떠넘기려 하지 말고요. 우리 모두의 책임이니까요.

국제기구, 어디까지 알고 있나요?

정치는 한 나라 안에서만 일어나는 것이 아니고, 나라와 나라 사이에서도 존재해요. 전 세계가 하나로 연결되기 시작하면서 각 나라들은 서로 교류하며 함께 어울려 살아가요. 그러다 보면 어느 한쪽이 이익을 보거나 손해를 보는 등 분쟁도 생겨나지요. 또 전 세계가 함께 해결하지 않으면 안 되는 일도 늘어나고 있어요. 바로 그럴 때를 위해 국제기구를 만든 거예요.

유엔 제2차 세계 대전 이후, 지구상에서 전쟁이 일어나지 않은 날은 단 하루도 없었다는 사실을 알고 있나요? 지금 이 순간에도 세계 어딘가에서 전쟁이 일어나고 있어요. 바로 이러한 전쟁 등의 갈등이 일어나면 평화적으로 해결하기 위한 목적으로 생긴 국제기구가 바로 유엔(United Nations, 국제 연합)이에요. 1945년에 설립된 유엔은 현재 190개가 넘는 나라들이 가입되어 있으며 평화 유지 이외에도 세계보건기구(WHO), 유니세프(Unicef), 유네스코(Unesco) 등 다양한 산하 기관을 통해 여러 가지 일들을 해요.

유럽 연합 유럽은 문화적으로 서로 가깝고, 각 나라들이 서로 국경을 맞대고 모여 있어서 서로 매우 교류가 활발한 지역이에요. 그래서 1993년, 유럽의 국가들이 모여 유럽 연합(EU, European Union)을 만들었어요. 유럽 연합에 가입된 국가들끼리는 서로 같은 화폐를 사용하고, 무역할 때 관세를 줄여 주는 등 다 함께 부유한 나라를 만들 수 있도록 공동의 이익을 추구해요.

아시아·태평양 경제협력체

유럽에만 강력한 연합이 있는 것은 아니에요. 아시아 대륙과 태평양을 중심으로 경제적인 협력을 도모하는 국제기구도 있어요. 1989년 출범한 아시아·태평양경제협력체(APEC, Asian Pacific Economic Cooperation)가 바로 그 국제기구이지요. 한국, 미국, 러시아, 일본 등 21개 국가가 참여하고 있고 매년 정상 회의를 열어 서로 협력할 방안을 모색해요.

경제개발협력기구

경제개발협력기구(OECD, Organization for Economic Cooperation and Development)는 세계에서 일어나는 경제 문제에 각 나라가 함께 대응하고, 서로서로 발전하기 위해 만들어진 국제기구예요. 선진국 반열에 들어선 국가들이 가입되어 있어 선진국 클럽이라는 별명으로 불렸던 적도 있어요.

국제통화기금

1997년, 우리나라는 갑자기 매우 가난해졌어요. 그때 우리나라가 급하게 도움을 요청한 곳이 바로 그 유명한 국제통화기금(IMF, International Monetary Fund)예요. 국제통화기금은 국제 외환 시장을 안정시키고 경제적으로 어려운 국가에게 돈을 빌려 주는 등 각 나라의 경제적 안정을 돕기 위해 노력하는 곳이에요. 물론 돈을 빌려 줄 때 여러 가지 조건을 달아 대량 해고 등의 사회 문제를 낳기 때문에 비판하는 목소리도 많지만요.

참고문헌

존 롤즈,《정의론》, 황경식 옮김, 이학사.

플라톤,《플라톤의 국가》, 박종현 역주, 서광사.

서울대학교 정치학과 교수 공저,《정치학의 이해》, 박영사.

장 자크 루소,《인간불평등기원론/사회계약론》, 최석기 옮김, 동서문화사.

알렉스 프리스, 로지 호어, 루이 스토웰,《초등학생이 알아야 할 참 쉬운 정치》, 신인수 옮김, 어스본코리아.

니콜로 마키아벨리,《군주론》, 이시연 옮김, 더클래식.

생각 쫌 하는 김토끼 씨의
초등 정치 수업

1판 1쇄 발행일 2021년 10월 25일   1판 2쇄 발행일 2022년 5월 12일
글·그림 지수   펴낸곳 (주)도서출판 북멘토   펴낸이 김태완
편집주간 이은아   편집 김경란, 조정우   디자인 안상준   마케팅 이상현, 민지원, 염승연
출판등록 제6-800호(2006. 6. 13.)
주소 03990 서울시 마포구 월드컵북로6길 69(연남동 567-11) IK빌딩 3층
전화 02-332-4885   팩스 02-6021-4885
 bookmentorbooks_   bookmentorbooks   bookmentorbooks@hanmail.net

ⓒ 지수 2021

ISBN 978-89-6319-434-9 73340

※ 잘못된 책은 바꾸어 드립니다.
※ 이 책은 저작권법에 따라 보호를 받는 저작물이므로 무단 전재와 무단 복제를 금합니다.
※ 이 책의 전부 또는 일부를 쓰려면 반드시 저작권자와 출판사의 허락을 받아야 합니다.
※ 책값은 뒤표지에 있습니다.

인증 유형 공급자 적합성 확인   **제조국명** 대한민국   **사용 연령** 8세 이상
KC마크는 이 제품이 공통안전기준에 적합하였음을 의미합니다.
종이에 베이거나 책 모서리에 다치지 않도록 주의하세요.